BEI GRIN MACHT SICH IHR WISSEN BEZAHLT

AF140014

- Wir veröffentlichen Ihre Hausarbeit,
  Bachelor- und Masterarbeit

- Ihr eigenes eBook und Buch -
  weltweit in allen wichtigen Shops

- Verdienen Sie an jedem Verkauf

Jetzt bei www.GRIN.com hochladen
und kostenlos publizieren

Bibliografische Information der Deutschen Nationalbibliothek:

Die Deutsche Bibliothek verzeichnet diese Publikation in der Deutschen National-bibliografie; detaillierte bibliografische Daten sind im Internet über http://dnb.d-nb.de/ abrufbar.

Impressum:

Copyright © 2015 GRIN Verlag
Druck und Bindung: Books on Demand GmbH, Norderstedt Germany
ISBN: 9783668930506

Dieses Buch bei GRIN:

https://www.grin.com/document/464257

Manuel Jäger

Aus der Reihe: e-fellows.net stipendiaten-wissen

e-fellows.net (Hrsg.)

Band 3089

Voll-Elektro oder Brennstoffzelle. Wie fährt Österreich in die Zukunft?

Verschiedene Konzepte der Elektromobilität im Vergleich

GRIN Verlag

GRIN - Your knowledge has value

Der GRIN Verlag publiziert seit 1998 wissenschaftliche Arbeiten von Studenten, Hochschullehrern und anderen Akademikern als eBook und gedrucktes Buch. Die Verlagswebsite www.grin.com ist die ideale Plattform zur Veröffentlichung von Hausarbeiten, Abschlussarbeiten, wissenschaftlichen Aufsätzen, Dissertationen und Fachbüchern.

Besuchen Sie uns im Internet:

http://www.grin.com/

http://www.facebook.com/grincom

http://www.twitter.com/grin_com

Voll-Elektroauto oder Brennstoffzelle – Wie fährt Österreich in die Zukunft?

Vorwissenschaftliche Arbeit

vorgelegt von
Manuel JÄGER

Bischofshofen, am 16. Februar 2015

Abstract

Das wachsende Bedürfnis nach Mobilität bei gleichzeitiger Verknappung von fossilen Treibstoffen wird sich in Zukunft nur mit alternativen Antrieben befriedigen lassen. Wenn man die dynamische Entwicklung der Automobilbranche betrachtet, erkennt man eindeutig, dass das Zeitalter der regenerativen Mobilität bereits begonnen hat. In dieser Arbeit werden Elektroautos und Brennstoffzellenfahrzeuge mit ihren wichtigsten Komponenten wie z.B. Elektromotor, Energiespeicher oder Leistungselektronik beschrieben. Auch auf die geschichtliche Entwicklung dieser Fahrzeuge wird eingegangen, da Elektroautos am Anfang des 20. Jahrhunderts große Teile der Neuzulassungen ausmachten und dann plötzlich von den Straßen verschwanden. Anschließend werden die zwei Antriebsformen auf wirtschaftliche und ökologische Faktoren miteinander verglichen, um die Frage nach der momentan besseren Alternative zu beantworten. Thematisiert werden auch verschiedene Fördermodelle, die Netzintegration und die nötige Infrastruktur in Form von Tankstellen. Abschließend wird eine auf Studien und Expertenmeinungen gegründete Zukunftsprognose für die Entwicklung der Zulassungszahlen jener Fahrzeuge in Österreich und für die generelle Entwicklung dieses Bereichs erstellt.

Vorwort

Als autobegeisterter Mensch habe ich mich schon lange mit der Frage beschäftigt, welche Fahrzeuge unsere heutigen PKW ersetzen werden, wenn Rohöl so knapp wird, dass Treibstoff für normale Verbraucher nicht mehr leistbar ist. Egal ob das Zeitalter des günstigen Öls in 30 oder erst in 80 Jahren zu Ende geht – für mich war klar, dass Alternativen gefunden und vor allem auch genützt werden müssen, um einen möglichst sanften Übergang zu erneuerbaren Energiequellen zu ermöglichen. Ein weiterer Faktor, der einen Wechsel zu alternativen Antrieben fast unumgänglich macht, ist der Klimawandel, dessen unmittelbare Folgen mir persönlich nach dem Film „Eine unbequeme Wahrheit" von Al Gore wirklich bewusst wurden. Treibstoff wird nicht nur immer knapper, auch die Umwelt leidet massiv unter unserem derzeitigen Nutzungsverhalten.

In welche Richtung wird sich der Markt in den nächsten Jahren entwickeln? Wann werden vollelektrische Fahrzeuge oder doch Brennstoffzellenautos erstmals in größerem Ausmaß abgesetzt? Mit wie vielen alternativ angetriebenen Autos kann man im Jahr 2020 in Österreich rechnen? Solche Fragen bestmöglich zu beantworten war meine Motivation, über die „Mobilität der Zukunft" zu schreiben.

Geeignetes Material und vertrauenswürdige Publikationen zu finden war oft schwierig, da bei der Frage nach dem geeignetsten Konzept die Meinungen stark variieren und die Thematik in vielen Medien regelrecht „gehyped" wird, obwohl für das wirklich „grüne" Auto noch viel Entwicklungsarbeit nötig ist. Danken möchte ich an dieser Stelle deshalb insbesondere Peter Berger von ElectroDrive Salzburg für seine ausführlichen Informationen und Literaturhinweise, Peter Modelhart von Jaguar/Land Rover Österreich für das lange, höchst interessante Gespräch und natürlich meinem Betreuungslehrer Mag. Josef Farcher, der mich beim Verfassen der Arbeit durchgehend begleitete und unterstützte.

Inhaltsverzeichnis

1. Einleitung

Die Mobilität der Zukunft ist sowohl in Österreich als auch in den meisten anderen Ländern eines der zentralen Zukunftsthemen. Auch wenn sich das Ölzeitalter langsam dem Ende zuneigt, muss die Gesellschaft auch in Zukunft beweglich bleiben, um ihren jetzigen Lebensstil weiterführen zu können. Schon seit Jahren merkt man an den Zapfsäulen, dass Öl als fossile Ressource langfristig immer teurer wird, auch wenn der Preis für ein Barrel momentan so niedrig ist wie schon lange nicht. (Stand Jänner 2015) Das „schwarze Gold" wird uns zwar noch nicht in den nächsten paar Jahren ausgehen, dennoch wird man Benzin- und Dieselmotoren in vielen Anwendungsgebieten langfristig ersetzen müssen.[1] Diese Arbeit soll zeigen, welcher alternative Antrieb dazu am besten geeignet ist und wie sich der österreichische Fahrzeugmarkt in den nächsten Jahren entwickeln wird.

Neben wirtschaftlichen Überlegungen werden auch Umweltaspekte miteinbezogen: Der Klimawandel wird nämlich durch die CO_2-Emissionen von Fahrzeugen und durch den resultierenden Treibhauseffekt erheblich beschleunigt – darüber sind sich nahezu alle Klimaforscher des Intergovernmental Panel on Climate Change einig, obwohl es zu vielen anderen Punkten in der Klima-Diskussion geteilte Meinungen gibt.[2] Der Strom, der zum Betrieb alternativ getriebener Fahrzeuge essentiell ist, wird vorwiegend noch aus fossilen Rohstoffen wie Öl oder Kohle gewonnen – deshalb werden auch regenerative Wege der Energieerzeugung und die jeweiligen Wirkungsgrade erörtert.

Sparsamkeit ist spätestens nach der Weltwirtschaftskrise 2008 auch im Fahrzeugbau in Mode gekommen: „Down-Sizing", also das Schrumpfen von Benzin- und Dieselmotoren bei gleichbleibender Leistung beschäftigt seither die Entwicklungsabteilungen. Derartige Motoren sind alternativen Antriebsformen in vielen Punkten noch deutlich überlegen: Große Reichweite, geringe Anschaffungskosten und schnelles Nachtanken sind schlagende Argumente, die

---

[1] Vgl. Lienkamp, Markus: Elektromobilität. Berlin: Springer Vieweg 2012, S. 2
[2] Vgl. IPCC (Hg.): Climate Change 2013: The Physical Science Basis. Cambridge: Cambridge University Press 2013

für herkömmliche Fahrzeuge sprechen.[3] Doch der Wind weht deutlich in Richtung Veränderung. In den letzten Jahren haben große Fahrzeughersteller erstmals alltagstaugliche und sichere Elektro- bzw. Brennstoffzellenautos auf den Markt gebracht und somit den ersten Schritt zu einer neuen Mobilität gemacht.

Die ersten Teile der vorliegenden Arbeit beschreiben die zwei wichtigsten Konzepte, das Voll-Elektroauto und das Brennstoffzellenfahrzeug. Technische Grundlagen und Probleme, welche die momentane geringe Verbreitung erklären, werden erörtert und mögliche Lösungen vorgestellt. Im weiteren Verlauf dieser vorwissenschaftlichen Arbeit (VWA) liegt der Schwerpunkt auf dem Aufzeigen von betriebswirtschaftlichen und ökologischen Vor- und Nachteilen der verschiedenen Antriebe, auch Zukunftsprognosen für den Absatzmarkt Österreich werden diskutiert. Zusätzlich wird auf generelle Trends in der Mobilität wie z.B. die Netzintegration von E-Autos eingegangen, die bei einer größeren Verbreitung elektrisch getriebener Fahrzeuge wirtschaftlich sehr interessant werden.

Beim Verfassen habe ich mich vor allem auf Fachbücher, wie z.B. auf das Werk „Elektromobilität – Hype oder Revolution"[4] von Markus Lienkamp gestützt. Besagtes Buch zeigt nicht nur die Nutzbarkeit der Elektromobilität in allen möglichen Facetten, sondern beinhaltet auch einen Ausblick auf die Entwicklung aus Expertensicht. Außerdem konnte ich persönliche Erfahrung bei zwei Testfahrten mit Elektroautos sammeln und meine Schlussfolgerungen durch Gespräche mit Vertretern der Energie- und Fahrzeugindustrie weiter festigen.[5] Aufgrund der betriebswirtschaftlichen Ausrichtung der Arbeit konnte jedoch nicht auf die exakten technischen Funktionsweisen von einzelnen Bauteilen wie z.B. der Brennstoffzelle eingegangen werden, da dies den Rahmen dieser VWA gesprengt hätte.

---

[3] Vgl. Bozem, Karlheinz u.a.: Elektromobilität: Kundensicht, Strategien, Geschäftsmodelle. Wiesbaden: Springer Vieweg 2013, S. 23
[4] Lienkamp, Markus: Elektromobilität. Berlin: Springer Vieweg 2012
[5] Modelhart, Peter: Persönliches Interview, geführt von Manuel Jäger. Bischofshofen: 10.01.2015 (Transkription im Anhang)

2. Geschichtlicher Abriss

Seit Michael Faraday im Jahre 1821 bewies, dass Elektrizität im Stande ist, Arbeit zu verrichten[6], wurden auch Elektromotoren und -Fahrzeuge entwickelt und produziert. Erste Versuchsfahrzeuge bewegten sich zwar, jedoch war die Technik völlig unausgereift und die Batterie nicht wieder aufladbar. Nachdem diese anfänglichen Probleme überwunden waren, erlebte die Elektromobilität um 1900 ihre bis dato größte Zeit. Weit verbreitet in Europa und den USA waren z.B. Fahrzeuge der Marken „Kriéger" und „Morrison", die als Elektroautos eine größere Verbreitung fanden.

Abbildung 1 - Elektrofahrzeug „Kriéger Landaulet" um 1906

Im Jahre 1900 waren in den USA kurzfristig sogar mehr Elektroautos als Benziner unterwegs, bis die Marktanteile nach 1910 zugunsten des Verbrennungsmotors stark zurückgingen. Die Gründe dafür waren neben der Erfindung des elektrischen Anlassers durch Charles F. Kettering im Jahre 1911 unter anderem gesunkene Ölpreise und die günstige Serienproduktion des benzingetriebenen T-Modells der Firma Ford.[7] Außerdem hatten Ingenieure schon damals mit typischen Elektrofahrzeug-Problemen wie dem großem Gewicht, der geringen Reichweite und der Kurzlebigkeit der Akkumulatoren zu kämpfen.[8] Im weiteren

---

[6] Vgl. Ganahl, Natalie: Michael Faraday. URL: http://www.bhak-bludenz.ac.at/physik/geschichte/physiker/faraday.shtml [Stand: 29.08.2014]
[7] Vgl. o.V.: Electric Vehicles History Part III. URL: http://www.electricvehiclesnews.com/History/historyearlyIII.htm [Stand: 01.09.2014]
[8] Vgl. o.V.: Development of the gasoline car. URL: http://www.britannica.com/EBchecked/topic/44957/automobile/259061/Early-electric-automobiles#ref=ref918099 [Stand: 01.09.2014]

Verlauf des 20. Jahrhunderts wurde dem Elektroauto kaum Beachtung geschenkt und der Verbrennungsmotor konnte sich endgültig durchsetzen.

Erst seit 1990 kann man von einer Renaissance der Elektromobilität sprechen. Getrieben von steigenden Ölpreisen und einer wachsenden Besorgnis vor den weitreichenden Folgen des Klimawandels wurde das CARB (California Air Resources Board) als eine der ersten politischen Institutionen aktiv. Es erarbeitete einen gestaffelten Plan (im amerikanischen Volksmund als „Clean Air Act" bekannt), der vorsah, dass bis 2003 mindestens 10% der Neuwagen in Kalifornien emissionsfrei sein müssten. Die restlichen 90% der Fahrzeuge sollten zumindest das Prädikat „Low Emission" vorweisen können. Dieses Gesetz wurde von der kalifornischen Regierung im Jahre 1995 verabschiedet und zwang die Automobilhersteller zur Entwicklung von Elektrofahrzeugen. [9] Außerdem wurde Mitte der Neunziger mit der Erprobung von Brennstoffzellenautos begonnen, eine Vorreiterrolle wird dabei Daimler-Benz zugeschrieben. Der Konzern zeigte bereits 1994 den Prototypen „NECAR 1", einen umgerüsteten Van mit Wasserstoff-Antrieb.[10]

Abbildung 2 - Necar 1

Der Durchbruch blieb damals jedoch beiden Konzepten verwehrt: Einerseits zogen Regierungen auf Druck der Automobilhersteller strenge Auflagen und Gesetze wie in Kalifornien wieder zurück, andererseits bekamen die Ingenieure alte Reichweiten- und Gewichtsprobleme nach wie vor nicht in den Griff. Verleaste GM-Elektrofahrzeuge wurden damals sogar aus fadenscheinigen Gründen wie einer „nicht zu gewährleistenden" Ersatzteilversorgung zurück-

---

[9] Vgl. Naunin, Dietrich: Hybrid-, Batterie- und Brennstoffzellen-Elektrofahrzeuge. Renningen: Expert Verlag 2004, S.6
[10] Vgl. Fuel Cells (Hg.): Fuel Cell Vehicles. URL: http://www.fuelcells.org/uploads/carchart.pdf [Stand 01.09.2014]

gerufen und verschrottet, als in Kalifornien der Clean-Air-Act zurückgezogen wurde.[11] Hunderte zufriedene E-Autobesitzer gingen vergebens auf die Straße, denn keiner wollte sich sein sparsames Fahrzeug wieder wegnehmen lassen. Leider setzten die Hersteller ihre Interessen durch und erst seit kurzem nimmt die Entwicklung aus verschiedensten Gründen wieder Fahrt auf, dafür verantwortlich sind vor allem weiterentwickelte Batterie- und Ladesysteme und die zunehmende Vernetzung durch die Internetanbindung neuer Autos.

„Das Elektrofahrzeuge [...] erst heute wieder ein Revival erleben, liegt daran, dass die Akkutechnik und die Informationstechnik erst jetzt leistungsfähig und flexibel genug sind, um große Reichweiten und Smart-Grid-Funktionen zu ermöglichen."[12]

3. Voll-Elektroauto

„Ein Elektroauto (auch E-Auto, E-Mobil oder Elektromobil) ist nach amtlicher Definition ein Kraftfahrzeug (...), das von einem Elektromotor angetrieben wird und die zu seiner Fortbewegung nötige elektrische Energie in einer Batterie speichert."[13]

In einem reinen Elektroauto wird die benötigte Energie in einem Akkumulator gespeichert und über einen Elektromotor an die Räder übertragen. E-Autos sind leise, haben dank des ständig verfügbaren Drehmoments einen kräftigen Durchzug und verursachen im Betrieb selbst keine Emissionen. In den letzten Jahren haben Hersteller verschiedenste Autos entwickelt, vom kleinen Elektro-Smart für die Stadt bis hin zum großen Tesla Model S, mit Reichweiten von bis zu 500 Kilometern, gibt es schon jetzt eine ansehnliche Fahrzeugauswahl. Eine Zwischenstufe zum Voll-Elektro stellt der Plug-In Hybrid dar, der einen voll-wertigen Elektroantrieb und einen herkömmlichen Verbrenner vereint. Nachteile wie teure Anschaffung, lange Ladezeiten und geringe Lebensdauer der Akkumulatoren stehen vielen potentiellen Käufern jedoch noch im Weg und aus

---

[11] Vgl. Waltner, Helmut: Who killed the electric car?. URL:
http://www.waltner.co.at/fahrzeuge/fahrzeuge_2.html [Stand: 05.09.2014]
[12] Brake, Matthias: Mobilität im regenerativen Zeitalter. Hannover: Heise Verlag 2009, S. 72
[13] IT-Times (Hg.): Elektroautomobil: Begriff (amtliche Definition). URL: http://www.it-times.de/tag/elektroauto/ [Stand: 06.09.2014]

Sicht der Automobilkonzerne muss sich auch im Bereich der Ladeinfrastruktur einiges tun, damit sich Elektroautos in größeren Mengen absetzen lassen.[14]

3.1 Antrieb

Der Antriebsstrang von Elektroautos ist deutlich einfacher aufgebaut als jener von Verbrennungsmotoren und besteht in der Regel aus einem Elektromotor, der Leistungselektronik und der Batterie. Fallweise wird zusätzlich noch ein Getriebe verbaut, um immer im optimalen Drehzahlbereich des Motors fahren zu können. Elektroantriebe sind Verbrennungsmotoren in vielen Belangen deutlich überlegen:

- der Elektromotor erzeugt im Betrieb keine Abgase
- er ist sehr robust und wartungsarm
- das maximale Drehmoment steht schon aus dem Stillstand bereit
- man benötigt keine Kupplung
- der Motor kann beim Bremsen als Generator dienen[15]

Um die Technik hinter den einzelnen Konzepten zu verstehen, wird die grundsätzliche Funktionsweise der wichtigsten Komponenten in diesem Kapitel erklärt.

Abbildung 3 - Antrieb eines BMW i3

---

[14]Vgl. Modelhart, Peter: Persönliches Interview, geführt von Manuel Jäger. Bischofshofen: 10.01.2015 (Transkription im Anhang)
[15] Vgl. Leuschner, Udo: Das Elektroauto zwischen Batterie, Brennstoffzelle und Hybrid-Antrieb. URL: http://udo-leuschner.de/energie-chronik/090905d1.htm [Stand: 06.09.2014]

3.1.1 Synchronmaschine

Die Synchronmaschine ist die häufigste Motorbauform in modernen Elektroautos, kommt aber auch in den meisten Brennstoffzellenfahrzeugen zum Einsatz.

Diese Maschinen weisen ein höheres Drehmoment bei gleicher Größe, einen höheren Wirkungsgrad, eine bessere Energieeffizienz und eine geringere Wärmeentwicklung als vergleichbare Asynchronmotoren auf. Ein Synchronmotor besteht im einfachsten Fall aus einem drehbaren Magneten, dem „Rotor", und einer Hülle mit drei Kupferwindungen, dem sogenannten „Stator". An diese Windungen wird je eine Phase des Stromnetzes geleitet und so ein Magnetfeld erzeugt - der Rotor folgt diesem Magnetfeld und erzeugt ein Drehmoment. Zum Anfahren wird ein Frequenzumrichter benötigt, da der Rotor zu träge ist, um aus dem Stillstand auf Netzfrequenz beschleunigt zu werden.[16] Der große Nachteil dieser Technik im Vergleich zu Asynchronmotoren ist der höhere Preis, der aufgrund der Vorteile im Betrieb besonders bei größeren Modellen oft in Kauf genommen wird.[17]

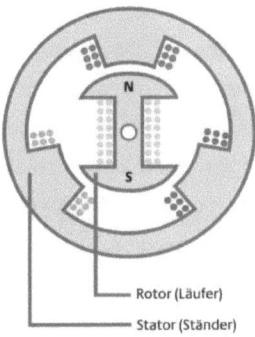

Abbildung 4 - Schematischer Aufbau einer Synchronmaschine

---

[16] Vgl. Volz, Günter: Elektrische Motoren in Industrie und Gewerbe: Motorenarten. Berlin: Deutsche Energie-Agentur GmbH 2010, S. 3
[17] Vgl. Aschenbrenner, Franz; Drögsler, Oswald; Thaler, Alexander: Drehstromantriebe für Elektrokleinfahrzeuge. Endbericht. Leoben: Montanuniversität Leoben – Institut für Elektrotechnik 2004, S.2

3.1.2 Asynchronmaschine

Diese Motoren bestehen, wie Synchronmotoren, auch aus einem Stator und einem Rotor. Die Enden der Läuferwicklungen sind jedoch kurzgeschlossen und werden nicht auf Schleifringen geführt. So wird im Läufer berührungslos ein Magnetfeld aufgebaut. Diese Maschinen heißen Asynchronmotoren, da sie sich nicht synchron mit dem Statormagnetfeld drehen sondern etwas langsamer laufen.[18] Asynchronmaschinen werden wegen der in Kapitel 3.1.1 genannten Nachteile in der Automobilbranche meistens nur in sehr günstigen Fahrzeugen verwendet. Für Antriebe zukünftiger Großserien-Elektroautos wird diese Motorenart sehr wahrscheinlich wenig Bedeutung haben.

3.1.3 Leistungselektronik

Die sogenannte Leistungselektronik stellt in modernen Elektrofahrzeugen einen großen Kostenpunkt dar, da sie ein hochkomplexes elektrisches System ist, welches die Batterie und alle Verbraucher auf verschiedenen Spannungs-ebenen im Fahrzeug miteinander vernetzt.

Weil der Energiespeicher des Fahrzeugs Gleichstrom liefert, ein permanent-erregter Synchronmotor aber mit Wechselstrom arbeitet, müssen Umrichter die passende Eingangsspannung erzeugen.[19] Komponenten wie z.B. das Infotainment-System oder die Sitzheizung arbeiten mit geringerer Spannung als der Antriebsmotor – die vom Akku bereitgestellte Spannung muss also auch für diesen Zweck von der Leistungselektronik umgewandelt bzw. umgerichtet werden, da es keine Lichtmaschine für das Bordnetz wie bei herkömmlichen Fahrzeugen gibt. Sogenannte Wechselrichter kommen außerdem beim Rekuperieren zum Einsatz, wenn gewonnene Bremsenergie zur Einspeisung in den Akku wieder gleichgerichtet werden muss.[20] Auch Ladegeräte für Elektroautos können in den Bereich der Leistungselektronik eingeordnet werden, da der Wechselstrom aus dem normalen Stromnetz in Gleichstrom konvertiert wird.

---

[18] Vgl. Volz, Günter: Elektrische Motoren in Industrie und Gewerbe: Motorenarten. Berlin: Deutsche Energie-Agentur GmbH 2010, S. 3
[19] Vgl. Korthauer, Reiner: Handbuch Elektromobilität. Frankfurt am Main: EW Medien und Kongresse GmbH 2011, S. 82
[20] Vgl. Elektromobilität.com (Hg.): Schema und Funktionsbeschreibung zum Aufbau eines reinen Elektroautos. URL: http://www.elektromobilitaet.com/wissen-elm/aufbau-elektroauto/ [Stand: 18.09.2014]

3.1.4 Getriebe

Elektromotoren erbringen ihre Leistung stufenlos über ein großes Drehzahlband, was sie wesentlich von Verbrennungsmotoren unterscheidet. Das maximale Drehmoment steht praktisch schon im Stand zur Verfügung, die Leistung fällt aber mit steigender Drehzahl je nach Bauart des Motors verschieden stark ab. Rückwärtsfahren wäre bei E-Autos durchaus auch ohne ein Getriebe möglich, trotzdem werden besonders bei größeren Elektrofahrzeugen Mehrgang-getriebe verbaut, um immer den optimalen Drehzahlbereich nutzen zu können - entgegen der geläufigen Meinung, bei Elektroautos sei gar kein Getriebe mehr notwendig.[21] Bei Plug-In-Hybriden bindet man E-Motoren vorzugsweise direkt in den normalen Getriebestrang mit ein. Kleinen Voll-Elektrofahrzeugen wie dem BMW i3 reicht jedoch ein Eingang-Untersetzungsgetriebe, da die Höchstgeschwindigkeit auf 150 Kilometer pro Stunde beschränkt ist.

3.2 Batterien und ihre Leistungsfähigkeit

Um den Elektromotor im Fahrzeug anzutreiben und andere Verbraucher zu versorgen, muss ein Energiespeicher vorhanden sein. Die Speicherung der Energie wird im Zusammenhang mit Elektromobilität gerne als Knackpunkt gesehen, da die Anschaffung eines Elektroautos für die meisten Kunden nur mit einer ausreichenden elektrischen Reichweite in Frage kommt.[22] Grundsätzlich basieren alle geläufigen Batterievarianten auf dem Grundprinzip der galvanischen Zelle, in dieser wird elektrische Energie durch Elektrolyse in chemische Energie umgewandelt und gespeichert. Die verschiedenen Batterietechnologien unterscheiden sich vor allem durch Materialwahl, Energiegehalt und Lebensdauer.[23] In der folgenden Abbildung werden die verschiedenen Energiegehalte im Verhältnis zum Gewicht ersichtlich gemacht und mit der Energiedichte des Treibstoffes Benzin verglichen:

---

[21] Vgl. Heise (Hg.): Elektroautos im Praxistest bei SAP: Mehr oder weniger Gänge? URL: http://www.heise.de/autos/artikel/Elektroautos-im-Praxistest-bei-SAP-1265535.html?artikelseite=3 [Stand: 20.09.2014]

[22] Vgl. Bozem, Karlheinz u.a.: Elektromobilität: Kundensicht, Strategien, Geschäftsmodelle. Wiesbaden: Springer Vieweg 2013, S. 23

[23] Panzer, Heike: „Batterien" und „Akkus". Vortrag. Universität Bayreuth 2013. URL: http://daten.didaktikchemie.uni-bayreuth.de/umat/zellen_prim_sek/primsek_zelle.htm#2_Sekund%E4rzelle [Stand: 20.09.2014]

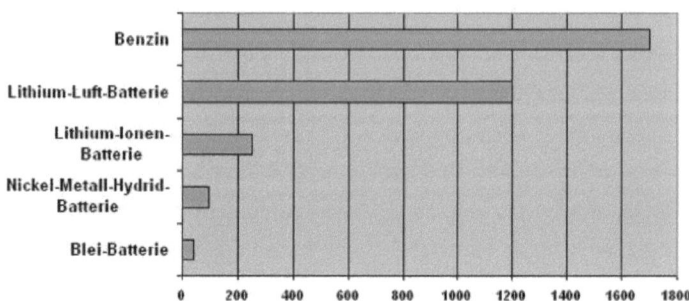

Maximale Energiedichte in Wh/kg bei Batterien und Benzin

Abbildung 5 - Energiedichte von Batterien im Vergleich

Aus den im Verhältnis extrem kleinen Energiedichten geht klar hervor, dass Batterien für Elektroautos mehrere 100 Kilo schwer ausgeführt werden müssen, obwohl die Reichweite im Vergleich zum Benziner sogar geringer ist. Ein kleiner Trost ist, dass Elektromotoren dafür einen höheren Wirkungsgrad haben als Benzinmotoren, also mehr aus der gleichen Energiemenge herausholen. Beim Betrachten der Abbildung wird auch deutlich, dass aktuelle Lithium-Ionen-Batterien schon eine deutliche Verbesserung gegenüber Nickel-Metall-Hybrid-Akkus erzielen. Die Lithium-Ionen-Technologie wird in den meisten neuen E-Mobilen eingesetzt, unter anderem im Tesla Model S und im BMW i3. Laut Forschern kann man bei normalen Lithium-Ionen-Akkus in Zukunft noch ca. die doppelte Energiedichte erzielen. Man geht heute davon aus, dass dieser Wert bereits mit der nächsten Generation dieser Technologie erreicht werden kann und solche Batterien bereits in ca. fünf Jahren in neuen Elektroautos verbaut werden können.[24]

Trotzdem sucht man ständig nach noch leistungsstärkeren Energiespeichern. Ein sehr vielversprechendes Konzept ist sicherlich die „Luftelektrode", auch Lithium-Luft-Batterie genannt. Nach diesem Prinzip könnte man im Vergleich zu den heutigen Akkumulatoren um ein Vielfaches mehr Energie speichern, da Trägermaterialien an Anode und Kathode der Batterie durch Sauerstoff als Reaktionspartner sozusagen ersetzt werden.

---

[24] Vgl. o.V.: Lithium-Luft-Akku – Blick in die Zukunft. URL: http://www.gesundes-haus.ch/solarmobile-elektroauto/lithium-luft-akku-blick-in-die-zukunft.html [Stand: 20.09.2014]

Diese Materialen, üblicherweise Metall, Silizium oder Graphit, machen in heutigen Akkumulatoren den Großteil der Batteriemasse aus.[25] Solche Batterien sind jedoch aus heutiger Sicht noch Zukunftsmusik, weshalb die Automobilindustrie momentan die Verdopplung der Energiedichte in üblichen Lithium-Ionen-Akkus anstrebt.

3.2.1 Sicherheit und Batteriemanagement

Natürlich müssen bei der Batterieproduktion auch Sicherheitsbedenken vollständig ausgeräumt werden, um eine Serienproduktion zu ermöglichen und die Insassen auch im Falle eines schweren Unfalls vor Bränden, Explosionen oder giftigen Substanzen zu schützen. Außerdem muss die Batterie nicht nur sicher verbaut sein, sondern ihr Zustand auch permanent überwacht werden. Deshalb nutzt man Batteriemanagementsysteme, die verschiedenste Aufgaben wie z.B. Temperaturüberwachung, Ladezustandsbestimmung, Steuerung des Lade-vorgangs und auch Spannungsüberwachung übernehmen.[26] Zusätzlich bewirken diese Systeme bei einem Unfall ein automatisches Abschalten des Hochvoltbordnetzes, um Einsatzkräfte nicht der Gefahr eines Stromschlages auszusetzen. Eine hohe Sicherheit der Batterie und des Bordnetzes zu garantieren bedeutet jedoch einen großen Entwicklungs- und Produktionsaufwand und wirkt sich preissteigernd auf das Produkt „Elektroauto" aus.

3.2.2 Lebensdauer, Umweltverträglichkeit und Kosten

Ein Unsicherheitsfaktor bei vielen Käufern ist sicherlich die Batterie eines Elektroautos. Für eine breite Markteinführung ist es wichtig, Akkus einzusetzen, die über die Dauer von mindestens einem Jahrzehnt eine stabile Leistungsentfaltung bieten, damit nicht alle paar Jahre eine teure Batterie erworben werden muss. Mittlerweile geben auch fast alle Autohersteller eine acht- bis zehnjährige Garantie auf die Akkumulatoren im Fahrzeug. Beim

---

[25] Vgl. Heise (Hg.): Akkus werden zehn Mal besser. URL: http://www.heise.de/autos/artikel/Akkus-werden-zehn-Mal-besser-1371797.html [Stand: 20.09.2014]
[26] Vgl. E-Mobilität-Online (Hg.): Begriffsdefinition und Batterieaufbau. URL: http://www.emobilitaetonline.de/emobilversity/die-traktionsbatterie/57-kapitel-2-begriffsdefinitionen-und-batterieaufbau [Stand: 20.09.2014]

Wiederverkauf müssen Käufer nach Ablauf dieser Fristen besonders auf den Zustand des Akkus achten, um unangenehmen Überraschungen vorzubeugen.

Außerdem stellt sich die Frage, was mit den benutzten Akkus und mit den umweltschädlichen Chemikalien aus dem Inneren der Batterien geschehen soll. Als erster Hersteller hat hier BMW einen neuen Ansatz zum Recycling gefunden, bei diesem Hersteller können die Batterien nach Gebrauch beim Stromkonzern Vattenfall als Strompuffer bei der Energieerzeugung- und Verteilung eingesetzt werden.[27] In Zukunft könnten Altbatterien so ein wichtiger Bestandteil eines sogenannten „Smart-Grid" werden, also Part eines intelligenten Stromnetzes, das insbesondere durch die wachsende Stromerzeugung aus regenerativen Energien bald einen enormen Stellenwert erreicht haben wird.

3.3 Leichtbau und andere Sparmaßnahmen

Da die Akkutechnologie noch relativ kleine Energiedichten aufweist und Batterien somit sehr schwer sind, versucht man zur Verlängerung der Reichweite andere Fahrzeugbereiche zu optimieren. Die Eigenmasse ist ein wesentliches Kriterium für die Effizienz eines Fahrzeugs, somit findet sich in diesem Gebiet auch großes Verbesserungspotential, da moderne, leichte Werkstoffe wie Aluminium oder Carbon bei handelsüblichen Serienfahrzeugen noch nicht in großem Maße genutzt werden. Ein geringeres Gewicht verringert Rollwiderstand, Beschleunigungswiderstand und Steigungswiderstand im Fahrbetrieb und trägt somit maßgeblich zu einem kleineren Verbrauch bei.[28] Das erste Serienfahrzeug, dass zu großen Teilen aus Carbon und anderen Leichtbaumaterialien besteht, ist der seit 2013 erhältliche vollelektrische BMW i3. Die exklusive Materialauswahl spiegelt sich jedoch dementsprechend im hohen Anschaffungspreis wider.

Auch ein möglichst kleiner Windwiderstand ist für eine optimale Effizienz sehr wichtig. Bei benzin- oder dieselbetriebenen Fahrzeugen lautet die Devise meistens „Form follows function", große Innenräume und hohes Sitzen sind

---

[27] Vgl. Vattenfall GmbH (Hg.): Vattenfall und BMW Group starten Projekt „Second Life Batteries". URL: http://corporate.vattenfall.de/newsroom/pressemeldungen/pressemeldungen-import/vattenfall-und-bmw-group-starten-projekt-second-life-batteries/ [Stand: 21.09.2014]
[28] Vgl. E-Mobilität-Online (Hg.): Die Karosserie. URL: http://www.emobilitaetonline.de/das-elektroauto/kapitel-2-die-karosserie [Stand: 21.09.2014]

also wichtiger als Treibstoffersparnis. Ein plakatives Beispiel für diese Herangehensweise ist der bekannte VW T5 „Multivan" – Kleinbus, der aerodynamisch äußerst ungünstig gezeichnet ist, dafür aber stehende Kühlschränke oder Motorräder im Kofferraum unterbringen kann. Betrachtet man nun elektrobetriebene Fahrzeuge ihren typischen Reichweiten- und Ladeproblemen, verzichtet die Autoindustrie verständlicherweise auf ein paar Liter Laderaum und punktet dafür beim Windwiderstand.

Beim Stromverbrauch eines Fahrzeuges spielen auch die verbauten Nebenaggregate eine große Rolle. Die Servolenkung, der Bremskraftverstärker oder auch die Klimaanlage sind Verbraucher mit hohem Energiebedarf, die besonders bei großer Kälte einige Kilowattstunden Mehrverbrauch auf hundert Kilometern verursachen, da z.B. nicht mehr mit Motorabwärme geheizt werden kann. Viele dieser Komponenten mussten komplett neu entwickelt werden, weil sie bis jetzt vom Verbrenner direkt mechanisch bzw. hydraulisch betrieben wurden und nicht für den Einsatz in Elektroautos bestimmt waren.

In den Entwicklungsabteilungen bemüht man sich daher, diese Nachteile möglichst effektiv zu kompensieren. In vielen elektrisch betriebenen Fahr-zeugen findet man deshalb bereits jetzt verschiedene Fahrmodi, die von „Sport" und „Comfort" bis hin zu „Efficiency" reichen. In Sparmodi wie „Efficiency" wird die Leistung der Klimaanlage und der Sitzheizung stark begrenzt und es steht nicht mehr die volle Motorleistung zur Verfügung. So kann der Kunde zwar nicht mehr den vollen Komfort seines Automobils nutzen, kommt dafür aber einige Kilometer weiter. Aus eigener Erfahrung mit dem Plug-In-Hybriden Audi A3 „e-tron" kann ich berichten, dass diese Maßnahmen im normalen Betrieb absolut nicht auffallen. Eine weitere interessante Funktion ist der „Leaving Home" – Timer, welcher das Fahrzeug zu einer vorprogrammierten Zeit vorwärmt, während es noch an der Steckdose hängt, um dem Akku nicht schon am Anfang der Fahrt durch die Heizung wertvolle Energie zu entziehen.[29]

Daraus lässt sich schließen, dass Sparsamkeit beim Betrieb von Elektroautos

---

[29] Vgl. Milan, Christian: Die Nebenaggregate. URL: http://www.emobilitaetonline.de/emobilversity/das-elektroauto/69-kapitel-6-die-nebenaggregate [Stand: 21.09.2014]

noch viel wichtiger ist als bei herkömmlichen Fahrzeugen, da sie einige konzeptbedingte Nachteile aufweisen. Die Industrie ist jedoch auf einem guten Weg, diese Probleme auszubessern, damit auch in Zukunft hohe Reichweiten garantiert werden können.

3.4 Plug-In-Systeme und Hybrid als Vorstufen

Nach der Entwicklung und Verbreitung von Hybridautos, wie dem durchaus erfolgreichen Toyota Prius, fokussieren Hersteller nun den nächsten Schritt - sogenannte Plug-In-Hybridsysteme. Normale Vollhybridautos wie der Prius können sehr kurze Strecken rein elektrisch zurücklegen und Bremsenergie durch Rekuperation in eine relativ kleine Batterie einspeisen – so ist bei Stadtfahrten eine Treibstoffersparnis von 20-40% realistisch.[30] Leider wird diese Ersparnis in der Regel von einem deutlich höheren Anschaffungspreis im Vergleich zum Standardmodell zunichte gemacht. Obwohl es im Stadtverkehr relativ effizient ist, macht dieses Konzept für Langstrecken keinen Sinn - fährt man hunderte Kilometer auf der Autobahn, läuft immer nur der normale Motor und das Fahrzeug muss zusätzlich noch das Gewicht des elektrischen Antriebs mitsamt Batterie mitführen.

Plug-In-Fahrzeuge sind erst seit kurzem auf dem Markt zu finden und haben große technische Ähnlichkeit zu Vollhybriden, sie verfügen jedoch über einen deutlich stärkeren Elektromotor und einen leistungsfähigeren Akku mit Reichweiten von momentan ca. 40-60 Kilometern. Darüber hinaus können sie, wie der Name schon sagt, über das normale Stromnetz geladen werden. Deshalb lassen sich typische Pendelstrecken vollelektrisch absolvieren, während ein normaler Hybrid schon nach wenigen Kilometern den Verbrenner zuschaltet. Hat man längere Strecken vor sich, kann man das Auto wie gewohnt mit Benzin oder Diesel betreiben. Bei einer mehrtägigen Probefahrt des Audi A3 „e-tron" konnte ich mich persönlich von der Praktikabilität dieser Plug-In-Systeme überzeugen. Das morgens vollgeladene Fahrzeug begleitete mich fast den gesamten Tag

---

[30] Vgl. Der Tagesspiegel (Hg.): Kaum Effekt im Portemonnaie. URL: http://www.tagesspiegel.de/mobil/kosten-und-nutzen-von-hybridautos-kaum-effekt-im-portemonnaie/7600964.html [Stand: 19.10.2014]

reinelektrisch. Obwohl es an besagtem Tag sehr niedrige Temperaturen hatte, übernahm der Benziner erst nach 35 Kilometern.

Besonders beeindruckend waren die nahtlosen Übergänge zwischen den beiden Antriebsarten, bei starken Beschleunigungsvorgängen arbeiten beide Systeme sogar parallel. Plug-In-Systeme werden beim Übergang zwischen fossil angetriebenen Fahrzeugen und reinen Elektroautos wahrscheinlich eine bedeutende Rolle spielen und können helfen, die Akzeptanz von Elektrofahrzeugen sukzessive zu steigern.

4. Das Brennstoffzellenauto

„Elektrische Energie kann in zwei Formen chemisch gespeichert werden: in einem Akkumulator oder in Form von Wasserstoff"[31]

Mit einer Brennstoffzelle ausgestattete Fahrzeuge verbrennen Sauerstoff und Wasserstoff in flüssiger oder gasförmiger Form und erzeugen so die benötigte elektrische Energie für den Antrieb. Beim Fahren selbst werden so keinerlei Emissionen verursacht.[32] Der benötigte Wasserstoff wird in komplexen Tanksystemen direkt im Fahrzeug gespeichert. Auf den ersten Blick hat das wasserstoffbetriebene Brennstoffzellenfahrzeug viele Vorteile gegenüber normalen, batteriebetriebenen Elektroautos. Das schnelle, wie von fossilen Treibstoffen gewohnte Nachtanken und das werbewirksame Versprechen der Hersteller, nur Wasser komme aus dem Auspuff[33], führten bei der Vorstellung der ersten Wasserstoffauto-Konzepte in den späten Neunzigern zu einem regelrechten Hype.

Auf den zweiten Blick taten sich jedoch viele Nachteile auf: Das Fehlen eines geeigneten Tankstellennetzes, hohe Kosten und schwerwiegende Sicherheitsbedenken aufgrund des Tanks brachten die Markteinführung damals zum Er-liegen. In Österreich gibt es erst seit Ende 2014 ein Wasserstoff-

---

[31] Lienkamp, Markus: Elektromobilität. Berlin: Springer Vieweg 2012. S. 28
[32] Vgl. FeelGreen (Hg.): Wasserstoffautos: Vor- und Nachteile. URL:
http://www.feelgreen.de/wasserstoffauto-vor-und-nachteile/id_50470122/index [Stand: 18.10.2014]
[33] Vgl. Hyundai Österreich (Hg.): ix35 Fuel Cell. URL: http://www.hyundai.at/Showroom/SUV/ix35-FCEV.aspx [Stand: 18.10.2014]

Serienfahrzeug der Firma Hyundai zu kaufen. Dieses Fahrzeug ist im normalen Betrieb zwar ähnlich zu fahren wie ein normales Elektroauto und lässt sich schnell nachtanken, in ganz Österreich gibt es jedoch nur eine einzige öffentliche Wasserstofftankstelle, womit die Reichweite sehr eingeschränkt wird.[34] Zum besseren Verständnis dieser Technologie werden in diesem Kapitel die wichtigsten Komponenten eines solchen Fahrzeuges erläutert.

4.1 Antrieb

Der häufigste und effizienteste Wasserstoffantrieb ist der Antrieb über eine Brennstoffzelle und einen separaten Elektromotor. Darüber hinaus haben verschiedene Autohersteller auch mit Wasserstoff-Hubkolbenmotoren experimentiert. Diese basieren auf einem ähnlichen Prinzip wie normale Benzinmotoren, da ein Wasserstoff-Sauerstoff-Gemisch in einen Brennraum eingespritzt wird, sich dort entzündet und einen Kolben antreibt. Über Antriebswellen und ein normales Getriebe wird die erzeugte Kraft an die Räder weitergeleitet - Motoren dieser Bauweise können üblicherweise sogar sowohl mit Wasserstoff als auch mit handelsüblichem Benzin betrieben werden. Um Motoren auf die Nutzung mit Wasserstoff und Benzin vorzubereiten, müssen aufwändige Umbauten vorgenommen werden, die außer einem Spezialtank unter anderem auch spezielle Kraftstoffleitungen, stärkere Motorgehäuse und eine komplizierte Motorsteuerung umfassen.[35]

Aufgrund des höheren Gesamtwirkungsgrads setzt sich im Betrieb mit Wasserstoff die Brennstoffzelle klar gegen den klassischen Hubkolbenmotor durch, auch die Autohersteller konzentrieren sich, sofern sie überhaupt Wasserstoffautos entwickeln, auf brennstoffzellenbetriebene Fahrzeuge, weshalb ich nur auf diese Variante genau eingehen möchte. Die wichtigsten Komponenten bei einem wasserstoffbetriebenen Brennstoffzellenfahrzeug sind außer der Brennstoffzelle selbst der Wasserstofftank, der Elektromotor und die Leistungselektronik, welche nun kurz erläutert werden.

---

[34] Vgl. Martos, Peter: Wasserstofftankstellen für alle. URL:
http://diepresse.com/home/science/3865879/Wasserstofftankstellen-fur-alle [Stand: 18.10.2014]
[35] Vgl. Kern, Jürgen: Der Wasserstoff-Hubkolbenmotor. URL: http://www.hycar.de [Stand: 26.12.2014]

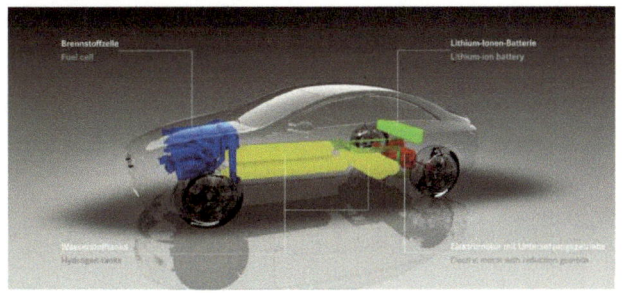

Abbildung 6 - Querschnitt durch ein Brennstoffzellenfahrzeug

4.1.1 Die Brennstoffzelle

Wenn man im Zusammenhang mit Fahrzeugen von Brennstoffzellen spricht, ist meist die sogenannte Wasserstoff-Sauerstoff-Brennstoffzelle gemeint. In dieser Zelle reagieren reiner Wasserstoff und Sauerstoff miteinander, dabei entstehen elektrische Energie, Wärme und reines Wasser. Die Zelle selbst besteht aus Elektroden, die durch eine Elektrolytmembran getrennt sind, in der Praxis werden mehrere Zellen zu einem „Stack" in Reihe geschaltet, um hohe Spannungen zu erhalten.[36]

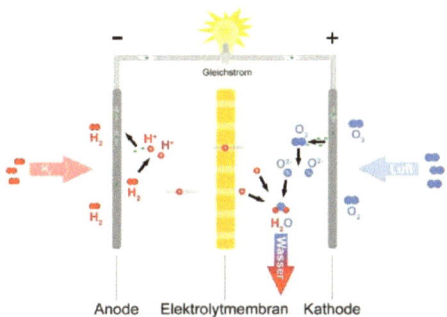

Abbildung 7 - Aufbau einer Brennstoffzelle

Diese Zelle ist somit kein Energiespeicher und auch kein Motor, sondern lediglich ein Wandler, der aus Wasserstoff und Sauerstoff wieder Strom erzeugt. Der entstehende Gleichstrom speist eine sogenannte Traktionsbatterie und in späterer Folge auch den Elektromotor. Der Zwischenschritt über eine kleine Batterie ist notwendig, um die Brennstoffzelle vor zu großen Spannungsschwankungen zu schützen und eine Rekuperation der

---

[36] Vgl. Weiterbildungszentrum Brennstoffzelle Ulm e.V. (Hg.): Brennstoffzellen-Grundlagen. Vortrag. URL: http://www.bba-bw.de/files/vortrag_bz-grundlagen-wbzu.pdf [Stand: 27.12.2014]

Bremsenergie zu ermöglichen. Die gewonnene Bremsenergie kann nur in einer kleinen Traktionsbatterie zwischengespeichert werden und nicht während der Fahrt in Wasserstoff transformiert werden.[37]

4.1.2 Der Elektromotor

Elektromotoren treiben das Fahrzeug mit der Energie aus der Brennstoffzelle an und benötigen aufgrund hoher Drehzahlen teilweise sogar gar kein Getriebe. Im Normalfall werden in Wasserstofffahrzeugen permanenterregte Synchronmotoren verwendet, die einen höheren Wirkungsgrad als Asynchronmaschinen erzielen.[38] Da sich dieses Thema bei Voll-Elektroauto und Brennstoffzellenfahrzeug überschneidet, findet sich eine genauere Behandlung im Kapitel 3.1.

4.2 Wasserstoffspeicherung und Gefahren

Neben der Erzeugung stellt auch die Speicherung von Wasserstoff die Ingenieure vor eine große Herausforderung. Als Gas ist Wasserstoff extrem flüchtig und hat nur eine sehr geringe Dichte.[39] Deshalb wurden verschiedene Tanksysteme entwickelt, um eine hohe Energiedichte auf möglichst kleinem Raum zu ermöglichen, so wie es an Bord eines Fahrzeugs vonnöten ist.

4.2.1 Gasförmiger Wasserstoff in Drucktanks

Die erste, momentan am häufigsten verbaute Variante ist die Druckgaswasserstoff-Speicherung. Bei diesem Verfahren wird Wasserstoff mit einem Druck von bis zu 700 Bar in einem speziellen Tank gepresst. Moderne Tanks sind kevlar-verstärkt und sehr widerstandsfähig. Um für die Serienproduktion zugelassen zu werden und Sicherheit bei Unfällen oder

---

[37] Vgl. Reif, Konrad: Konventioneller Antriebsstrang und Hybridantriebe. Wiesbaden: Vieweg+Teubner Verlag 2010, S. 64ff
[38] Vgl. Aschenbrenner, Franz; Drögsler, Oswald; Thaler, Alexander: Drehstromantriebe für Elektrokleinfahrzeuge. Endbericht. Leoben: Montanuniversität Leoben – Institut für Elektrotechnik 2004, S. 2
[39] Vgl. Lenntech BV (Hg.): Eigenschaften von Wasserstoff. URL: http://www.lenntech.de/pse/elemente/h.htm [Stand: 27.12.2014]

extremen Witterungsbedingungen zu garantieren, muss ein solcher Tank zertifiziert sein und Sicherheitsstandards wie automatisches Ablassen bei zu hohem Innendruck bieten. Zahlreiche Crashtests verschiedener Hersteller und Institutionen zeigen, dass solche Tanks sogar sicherer sind als heutige Benzintanks und die Gefahren durch Brände oder Explosionen entgegen aller Bedenken verschwindend gering sind. Sie sind deshalb für den Einsatz in Serienfahrzeugen heute schon gut geeignet und werden sich aufgrund geringerer Gesamtkosten wahrscheinlich gegenüber Flüssigwasserstoff-Tanks durchsetzen.[40]

Abbildung 8 - Wasserstofftank

4.2.2 Flüssiger Wasserstoff in isolierten Tanks

Das zweite Verfahren, dass für Brennstoffzellenfahrzeuge in Frage kommt, ist die Flüssigwasserstoff-Speicherung. Bei dieser Methode wird das Wasserstoffgas auf -253°C gekühlt, damit es vom gasförmigen in den flüssigen Zustand übergeht. So kann das Volumen des Stoffes um ca. 99,9% reduziert werden.[41] Damit der flüssige Wasserstoff während eines längeren Zeitraums im Auto auf dieser niedrigen Temperatur gehalten werden kann, muss der Tank durch ein künstliches Vakuum zwischen Innen- und Außenbehälter extrem gut isoliert sein. Der aufwändige Aufbau und die hohen Sicherheitsanforderungen, die an einen solchen Behälter gestellt werden, verteuern jedoch die Produktion erheblich.

[40] Vgl. Swain, Michael: Fuel Leak Simulation. Studie. University of Miami 2001
[41] Vgl. Kern, Jürgen: Speicherung von Wasserstoff. URL: http://www.hycar.de [Stand: 26.12.2014]

Insgesamt kann die Speicherung von Wasserstoff im Fahrzeug sowohl in flüssiger als auch in gasförmiger Gestalt als machbar bezeichnet werden, sie bringt jedoch eine erhebliche Preissteigerung der Fahrzeuge mit sich.

4.3 Erzeugung von Wasserstoff

Bei der Wasserelektrolyse wird Wasser durch einen elektrischen Strom in Wasserstoff und Sauerstoff gespalten. Die Gewinnung von Wasserstoff auf diesem Weg rechnet sich momentan leider nur, wenn bei der Produktion sehr günstige elektrische Energie verwendet werden kann. Es ist viel kostengünstiger, Wasserstoff durch Umwandlung von verschiedensten fossilen Energieträgern wie z.B. Erdgas zu gewinnen, deshalb erzeugt man heute 90% des Wasserstoffs über solche Verfahren, die jedoch nicht besonders umweltfreundlich sind.

Für die Verwendung in Brennstoffzellenfahrzeugen macht nur die Wasserelektrolyse in Verbindung mit regenerativen Energien Sinn, da die Individualmobilität unabhängig von fossilen Energieträgern werden muss. Die Produktion mit diesem Verfahren kann jedoch erst forciert werden, wenn große Teile der Stromversorgung auf alternativen Energiequellen basieren.[42]

5. Vergleich, weitere Entwicklung und Fazit

Voll-Elektroautos und brennstoffzellenbetriebene Fahrzeuge sind, wie in den vorherigen Kapiteln beschrieben, technisch stark miteinander verwandt. Beide Konzepte werden von Elektromotoren angetrieben, beziehen jedoch den nötigen Strom aus verschiedenen Quellen – entweder direkt aus einer eingebauten Batterie oder durch Umwandlung von Wasserstoff in einer Brennstoffzelle.

Die Speicherung der Energie ist momentan das größte Problem bei beiden Konzepten, bei Brennstoffzellenautos kommt zusätzlich die aufwändige Wasserstoffproduktion hinzu. In diesem Kapitel soll ersichtlich werden, welcher Antrieb aus heutiger Sicht der Dinge besser ist und wie die weitere Entwicklung in Österreich voraussichtlich ablaufen wird.

---

[42] Vgl. Schurnberger, Werner: Wasserspaltung mit Strom und Wärme. Themenheft. URL: http://www.fvee.de/fileadmin/publikationen/Themenhefte/th2004/th2004_03.pdf [Stand: 28.12.2014]

5.1 Bilanz der Energiebereitstellungskette

Die sogenannte „Well to wheel" – Bilanz liefert einen guten Aufschluss darüber, ob ein Antriebskonzept aus energetischen Überlegungen Sinn macht. Sie gibt an, wie viel von der ursprünglichen Energie auch am Rad ankommt. Bei dieser Berechnungsmethode geht man von elektrischem Strom als Grundstoff aus, da zukünftig immer größere Teile unserer Energie nicht mehr aus fossilen Brennstoffen kommen werden, sondern z.B. aus Photovoltaikanlagen, Windparks oder Wasserkraftwerken, welche Strom produzieren. Diverse Fachleute stellen jetzt schon fest, dass regenerativer Strom die Leitwährung der Zukunft sei.[43]

„Bei der Speicherung von Strom in einem Akkumulator gehen etwa 10% beim Laden des Akkus verloren, 10% beim Entladen und weitere 10% bei der Umwandlung in mechanische Leistung im Elektromotor. Weitere 10% Verlust kann man durch die Stromweiterleitung im Netz hinzurechnen. Grob gesagt können also 60% der ursprünglichen elektrischen Energie genutzt werden."[44]

Von der vorhandenen Energie können also in einem Elektroauto etwa 60% schlussendlich auch auf die Räder übertragen werden. Im Vergleich dazu schneiden Brennstoffzellenfahrzeuge erheblich schlechter ab. Bei der Wasserstoffproduktion durch Elektrolyse gehen schon 40% der ursprünglichen Energie verloren, bei Transport und Speicherung weitere 10%. Die Brennstoffzelle im Fahrzeug hat einen Wirkungsgrad von etwa 50% - am Ende bleiben also nur 25% der anfangs eingesetzten Energie übrig.

„Wasserstoff wird im Wesentlichen durch Elektrolyse aus Wasser erzeugt. [...] Leider ist die Energieeffizienz bei diesem Prozess nicht besonders gut. [...] Wasserstoff kommt also nur in Frage, wenn er aus erneuerbaren Energien hergestellt wird, die sonst „weggeschmissen" würden."[45]

---

[43] Vgl. Bossel, Ulf: Wasserstoff löst keine Energieprobleme. URL: http://wwwm.htwk-leipzig.de/~m6bast/rvlwasserstoff/091104vierteRIVLBossel.pdf [Stand: 28.12.2014]
[44] Lienkamp, Markus: Elektromobilität. Berlin: Springer Vieweg 2012, S.29
[45] Lienkamp, Markus: Elektromobilität. Berlin: Springer Vieweg 2012, S.5

Einfach vorgestellt heißt das, dass ein Elektroauto mit einer bestimmten Strommenge mehr als doppelt so weit kommt als ein Brennstoffzellenfahrzeug, dem die gleiche ursprüngliche Energie zur Verfügung steht. Deshalb ist die Nutzung von Wasserstoff beim derzeitigen Stand der Technik nur sinnvoll wenn zur Stromerzeugung ein Überschuss an erneuerbaren Energien verwendet wird, der sonst nicht verwertet werden könnte.[46]

Zusammenfassend hat also das reine Elektroauto eine um den Faktor zwei bessere Bilanz der Energiebereitstellungskette und ist somit deutlich effizienter als ein Brennstoffzellenfahrzeug.

5.2 Ökobilanz

Fahrzeuge nur nach direkten Emissionen zu beurteilen reicht für einen objektiven Vergleich der Antriebssysteme nicht aus – mit einer Ökobilanz kann man Umweltaspekte eines ganzen Produktsystems (Produktion, Betrieb, Energiebereitstellung, Entsorgung) aufzeigen.

Laut einer Studie des Umweltbundesamtes schneiden reine Elektrofahrzeuge mit erneuerbarem Strom als Energiequelle bei dieser Bilanz deutlich besser ab als alle vergleichbaren Konzepte. Brennstoffzellenfahrzeuge fallen besonders durch die notwendigen Energiebereitstellungsschritte weit zurück, bei denen besonders viele Emissionen freigesetzt werden.

---

[46] Vgl. Bossel, Ulf: Wasserstoff löst keine Energieprobleme. URL: http://wwwm.htwk-leipzig.de/~m6bast/rvlwasserstoff/091104vierteRIVLBossel.pdf [Stand: 28.12.2014]

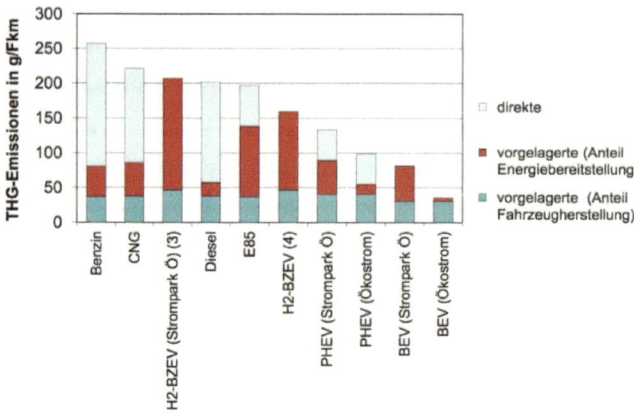

Abbildung 9 - Ökobilanz Pkw

Im Diagramm ist ersichtlich, dass reine Elektroautos (BEV – Battery Electric Vehicle) sowohl mit Ökostrom als auch mit Strom aus dem österreichischen Strommix betrieben die niedrigsten gesamten Treibhausgasemissionen (THG-Emissionen) verursachen. Plug-In-Hybride (PHEV) folgen auf Platz zwei, da sie erst nach Entleerung der Batterie auf einen normalen Verbrennungsmotor zurückgreifen müssen. Brennstoffzellenfahrzeuge (H2-BZEV) schneiden durch die hohen vorgelagerten Emissionen bei der Produktion von Wasserstoff fast gleich schlecht wie Dieselfahrzeuge ab.[47]

Voll-Elektrofahrzeuge liegen in der Gesamtbetrachtung durchwegs vorne, besonders wenn der Strom aus erneuerbaren Energiequellen stammt. Die praxistauglichen Plug-In-Hybride sind ebenfalls als sehr umweltfreundlich einzustufen. Einzig die Brennstoffzellenfahrzeuge können den umweltfreundlichen Ruf nicht verteidigen und reihen sich als Schlusslicht der alternativen Antriebe ein.

5.3 Förderungen in Österreich

Das größte Hindernis für viele potentielle Käufer von alternativ angetriebenen Fahrzeugen ist sicherlich der hohe Preis. Staaten haben jedoch reges Interesse an einer größeren Verbreitung solcher Fahrzeuge, da dadurch Emissionen im

[47] Vgl. Pötschner, Friedrich u.a.: Ökobilanz alternativer Antriebe – Elektrofahrzeuge im Vergleich. Report. Wien: Umweltbundesamt 2014, S. 9ff

Individualverkehr massiv gesenkt werden können.[48] Deshalb gibt es in den meisten europäischen Ländern (auch in Österreich) Förderprogramme für Elektromobilität, der Kauf von Brennstoffzellenfahrzeugen wird jedoch noch nicht von staatlicher Seite subventioniert. Bei diesen Fahrzeugen entfällt nur die Normverbrauchsabgabe (NoVA), da sie im Betrieb keine direkten Emissionen verursachen.

Um die unterschiedlich hohen Fördermittel im europäischen Vergleich sichtbar zu machen, zeigt das nachfolgende Diagramm die Differenz, welche beim Kauf des voll-elektrischen e-Up im Vergleich zum benzingetriebenen Standardfahrzeug aufgezahlt werden muss.

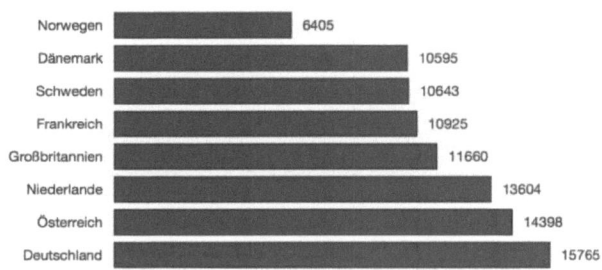

Staatliche Förderung von Elektroautos

Preisdifferenz (in EUR) zwischen Volkswagen e-Up und Up mit Benzinmotor, nach Berücksichtigung von Fördermitteln

Land	Preisdifferenz
Norwegen	6405
Dänemark	10595
Schweden	10643
Frankreich	10925
Großbritannien	11660
Niederlande	13604
Österreich	14398
Deutschland	15765

Abbildung 10 - Staatliche Förderungen von Elektroautos

Wie man erkennen kann, fallen die Förderungen beim Kauf von Elektrofahrzeugen in Österreich im Vergleich zu anderen europäischen Staaten relativ gering aus, auch Deutschland schneidet nicht gut ab. Norwegen bietet als Vorzeigeland Interessenten nicht nur eine große finanzielle Stütze beim Kauf eines solchen Fahrzeuges an, sondern räumt den Fahrern auch noch Vorteile im täglichen Verkehr wie z.B. kostenloses Parken in Städten oder auch die Benutzung von speziellen Fahrstreifen auf der Autobahn ein.[49]

---

[48] Vgl. Bozem, Karlheinz u.a.: Elektromobilität: Kundensicht, Strategien, Geschäftsmodelle. Wiesbaden: Springer Vieweg 2013, S. 23
[49] Vgl. Balzer, Sebastian: In Norwegen ist für Elektroautos sogar der Strom gratis. URL: http://www.faz.net/aktuell/wirtschaft/wirtschaftspolitik/foerderung-von-elektromobilitaet-in-norwegen-ist-fuer-elektroautos-sogar-der-strom-gratis-12679293.html [Stand: 22.01.2015]

Der österreichische Umweltminister Nikolaus Berlakovich visierte Anfang 2012 die Zahl von 250.000 Elektroautos für das Jahr 2020 an, angesichts dessen, dass mit Stand 30. November 2014 gerade einmal 3238 solcher Fahrzeuge auf unseren Straßen unterwegs waren, war das eine ziemlich unrealistische Annahme. Die vergleichsweise geringen Subventionen sind sicher dafür mitverantwortlich, dass in Österreich noch nicht mehr Elektroautos verkauft wurden.

Die Förderungen für ein Elektroauto in Österreich belaufen sich bei gewerblicher Nutzung momentan auf 5.000€, nennt man eine Photovoltaikanlage sein Eigen subventioniert der Staat das Fahrzeug sogar mit 6.000€. Die Normverbrauchsabgabe (NoVA) können sich sowohl Privatkunden als auch gewerbliche Käufer sparen. Einzelne Bundesländer bieten darüber hinaus noch eigene Programme an, wie z.B. Salzburg mit dem Klima- und Energiefonds.[50] Momentan sind die Förderungen ziemlich klein dimensioniert, Mag. Peter Modelhart von Jaguar/Land Rover Österreich warnt aber als einer von vielen Experten vor der Möglichkeit zu großer Unterstützungen. Zu geringe Marktpreise würden den Wettbewerb verzerren und Elektrofahrzeuge seien nur eine Förderung wert, solange sie den Strom aus regenerativ erzeugten Energien beziehen, sagt er.[51]

In Österreich ist nun also die Politik gefordert, damit Elektromobilität nicht nur für gewerbliche Kunden, sondern auch für Private leistbar und attraktiv wird. Einhergehend mit der Einführung von besseren Fördermodellen muss aber auch der Ausbau von regenerativen Energiequellen forciert werden, um die Fahrzeuge sauber und umweltfreundlich mit Strom betanken zu können.

5.4 Netzintegration

Damit das Stromnetz auch bei einer größeren Verbreitung von Elektroautos stabil bleibt und man die Akkumulatoren in den Fahrzeugen in einer regenerativen

---

[50] Vgl. Rief, Norbert: Wo sind die 250.000 Elektroautos?. URL:
http://diepresse.com/home/wirtschaft/energie/4634923/Wo-sind-die-250000-
Elektroautos?offset=25&page=2 [Stand: 22.01.2015]
[51] Vgl. Modelhart, Peter: Persönliches Interview, geführt von Manuel Jäger. Bischofshofen: 10.01.2015
(Transkription im Anhang)

Energiewirtschaft als Puffer benutzen kann, benötigt man eine durchdachte Integration der Fahrzeuge in das öffentliche Netz. Dieses Kapitel spielt für Brennstoffzellenfahrzeuge keine große Rolle, da sie bekanntlich nur über kleine Traktionsbatterien verfügen.

5.4.1 Erste Stufe: Netzdienliches Laden

Um den Ladevorgang und die Netzauslastung zu optimieren, berechnen die meisten modernen Elektroautos bereits heute, zu welchem Zeitpunkt der Strom am günstigsten ist. In der Praxis sieht das folgendermaßen aus: Der Nutzer stellt am Smartphone den gewünschten Abfahrtszeitpunkt ein und das Auto lädt erst in den frühen Morgenstunden, wenn die Energiepreise am niedrigsten sind, nicht schon am Abend direkt nach dem Einstecken. Am Morgen steigt der Besitzer dann in ein vollgeladenes Fahrzeug ein. Diese Methode bringt natürlich den Nachteil mit sich, dass das Fahrzeug nicht jederzeit einsatzbereit ist. [52]

5.4.2 Zweite Stufe: Bidirektionaler Stromfluss

Nachdem die Evolutionsstufe des netzdienlichen Ladens von vielen Autoherstellern bereits erreicht wurde, versucht man nun, das Fahrzeug gemeinsam mit großen Stromanbietern zu einem Netzdienstleister umzufunktionieren. Dafür muss das Auto bidirektionales Laden unterstützen, das heißt, dass Strom sowohl aus dem Netz aufgenommen als auch bei Bedarf wieder eingespeist werden kann. Moderne Akkus machen diese Vorgänge ohne Schäden für die Batterie möglich, da sie eine viel höhere Zyklenfestigkeit als ihre Vorgängermodelle bieten.

Die Erzeugungsstruktur im Strommarkt verändert sich durch den Ausbau von erneuerbaren Energien ständig, Windkraft und Photovoltaik als vielversprechende Energiequellen der Zukunft sind nicht immer auf Abfrage verfügbar und stark vom Wetter abhängig. Deshalb schwankt das Stromangebot durch diese Produzenten stark, Lastspitzen und Überangebote können eintreten. Die bidirektionale Anbindung von Elektroautos ist eine Möglichkeit, diese Spitzen

---

[52] Vgl. Heise (Hg.): Mobile Zwischenablage. URL: http://www.heise.de/autos/artikel/Mobile-Zwischenablage-2175893.html [Stand: 23.01.2015]

auszugleichen und das Netz zu stabilisieren. So könnten Batterien in Zeiten von hoher Stromerzeugung und geringem Bedarf beispielsweise Strom aufnehmen und später bei eventuell auftretenden Lastspitzen wieder abgeben.[53]

Die intelligente Einbindung von Elektrofahrzeugen in die Stromnetze wird in Zukunft sehr wahrscheinlich ein wichtiges Standbein der Energiewirtschaft sein, besonders wenn große Teile des erzeugten Stroms aus erneuerbaren Energien gewonnen werden. Bei dem heutigen österreichischen Strommix ist dieses Thema jedoch noch von eher geringer Bedeutung, da große Teile des elektrischen Stroms noch aus fossilen Energieträgern stammen.

---

[53] Vgl. Holling, Ruth: Intelligente Energie. URL: http://www.erneuerbar-mobil.de/de/projekte/foerderung-von-vorhaben-im-bereich-der-elektromobilitaet-ab-2012/kopplung-der-elektromobilitaet-an-erneuerbare-energien-und-deren-netzintegration/projektflyer-netzintergration/pm-flottenstart-vw-inees.pdf [Stand: 25.01.2015]

5.5 Zulassungsstatistik

In der nachfolgenden Tabelle werden die Zulassungszahlen von 2013/2014 der wichtigsten alternativen Antriebskonzepte ausgehend von offiziellen Daten der Statistik Austria Kfz-Statistik übersichtlich dargestellt.

Fahrzeugart	Jan.-Dez. 2013	Jan.-Dez. 2014	% Veränderung
Elektro	654	1281	+95,9
Hybrid (Benzin)	2413	2167	-10,2
Plug-In (Benzin)	151	331	+114,9
Brennstoffzelle	-	3	-

Abbildung 11 - Zulassungsstatistik

Wie unschwer zu erkennen ist, verzeichnet man sowohl bei Elektroautos als auch bei Plug-In-Hybridautos, die als Vorstufe zum E-Auto gelten, einen deutlichen Anstieg der Neuzulassungen von 95,9% bzw. 114,9%. Brennstoffzellenfahrzeuge sind hingegen in Österreich offensichtlich noch weit vom Kunden entfernt. Im Kalenderjahr 2013 wurde keine einzige Zulassung verzeichnet und im darauffolgenden Jahr 2014 wurden auch nur drei Wasserstoff-Autos angemeldet. Die Neuzulassungen von normalen Hybridautos sind im Vergleich zu 2013 um 10,2% zurückgegangen. Die herkömmlichen Antriebe performten auch eher schlecht, die Hersteller verkauften um 5,8% weniger Benzin- und um 4,7% weniger Dieselfahrzeuge als noch 2013.[54]

Somit scheinen die Entwicklung von immer besseren Serienelektrofahrzeugen durch anerkannte Firmen wie Tesla, BMW oder Renault und die sinkenden Preise langsam Früchte zu tragen, bei den Zulassungen von reinen E-Mobilen als auch bei Plug-In-Hybriden lässt sich schließlich ein deutlicher Aufwärtstrend erkennen. Normale Hybridmodelle verkaufen sich vermutlich aufgrund der neuen Plug-In-Technik etwas schlechter als im Vorjahr. Das schlechte Abschneiden von Brennstoffzellenfahrzeugen lässt sich am ehesten durch das Fehlen eines Tankstellennetzes und durch die extrem hohen Preise erklären.

---

[54] Vgl. Statistik Austria (Hg.): Kfz-Statistik 2013/2014. URL: http://www.statistik.at/web_de/statistiken/verkehr/strasse/kraftfahrzeuge_-_neuzulassungen/ [Stand: 08.02.2015]

5.6 Entwicklung des Marktes

Durch Kenntnis der Zulassungsstatistik, der Vor- und Nachteile der einzelnen Konzepte und mithilfe von Expertenmeinungen lässt sich für die Entwicklung des Marktes für alternativ angetriebene Fahrzeuge in Österreich eine vorsichtige Zukunftsprognose für den Zeitraum von fünf Jahren abgeben.

Wasserstoffbetriebene Brennstoffzellenfahrzeuge werden sehr wahrscheinlich auch 2020 nicht in größerer Zahl auf heimischen Straßen unterwegs sein, dafür ist eine ganze Reihe von konzeptbedingten Nachteilen verantwortlich. In Österreich ist derzeit nur ein in Serie produziertes Brennstoffzellenfahrzeug erhältlich, ein Hyundai-Mittelklassewagen, der mindestens 65.000€ kostet. [55] Dieser hohe Anschaffungspreis wird sich im Betrieb nie amortisieren können, da das Fahrzeug ca. einen Kilogramm Wasserstoff auf 100 Kilometern verbraucht, was Betriebskosten von 9,10€ für diese Wegstrecke entspricht. Aus betriebswirtschaftlicher Sicht ist der Kauf eines Brennstoffzellenfahrzeuges somit momentan undenkbar, obwohl dieses Konzept zweifellos die Serienreife erreicht hat. Da auch die Ökobilanz aufgrund der aufwändigen Wasserstoffproduktion schlecht ausfällt, kann man den teuren Erwerb eines solchen Fahrzeuges nicht mal mit Vorteilen für die Umwelt rechtfertigen.

Bei reinen Elektroautos kann man hingegen von einer positiven Entwicklung der Zulassungsstatistik ausgehen. Die Akzeptanz in der Bevölkerung steigt stetig und auch die Technologie entwickelt sich rapide. Steigende Leistungsdichten der Batterien, neue Förderungen und hohe Ölpreise könnten Wegbereiter für die Massentauglichkeit der Voll-Elektrofahrzeuge sein.

Die folgende Prognose basiert auf Daten von Statistik Austria und zeigt drei mögliche Szenarien für die kumulierten (aufaddierten) Neuzulassungen bis 2020, es wurden die historischen Daten auf Basis des Vorjahres fortgeschrieben. Die optimistischste Annahme (100%) traf übrigens von 2013 bis 2014 zu.

---

[55] OEAMTC (Hg.): Hyundai ix35 Fuel Cell. URL: http://www.oeamtc.at/portal/erster-test-hyundai-ix35-fuelcell+2500+1573332 [Stand: 09.02.2015]

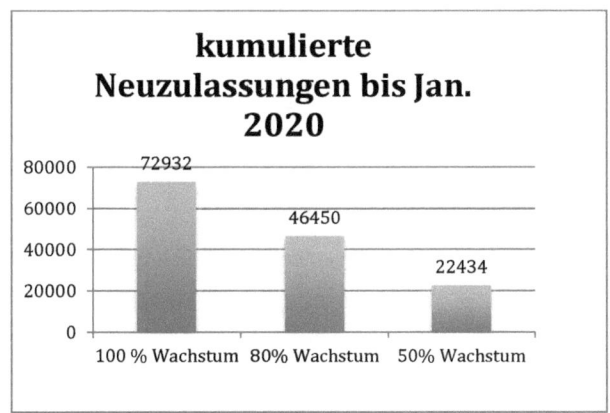

kumulierte Neuzulassungen bis Jan. 2020

Abbildung 12 - kumulierte Neuzulassungen

Wenn die Verkaufszahlen von reinen Elektroautos ähnlich stark steigen wie bisher, kann man im Jahr 2020 von ca. 73.000 Elektroautos auf Österreichs Straßen ausgehen. Bei pessimistischer Rechenweise kommt man auf ca. 22.500 Fahrzeuge, die bis dahin zugelassen werden. Ein realistisches Mittel ist die Zahl von ca. 46.500 Fahrzeugen, dies würde einen Marktanteil von 0,72% für reine Elektrofahrzeuge im Jahr 2020 bedeuten.[56]

Die Preise der E-Autos sinken ständig, die Reichweiten werden stetig größer – trotzdem kommt das Elektroauto sogar bei 80% Zulassungswachstum pro Jahr bis 2020 nicht über einen Marktanteil von einem Prozent hinaus. Ein nicht unwesentlicher, zusätzlicher Anteil in der Übergangsphase wird auf Plug-In-Hybride entfallen, die in dieser Prognose nicht miteingerechnet sind. Zusammengefasst ist das langfristige Potential zwar groß, doch es wird ersichtlich, dass sich der Automobilmarkt nicht „von heute auf morgen" ändern kann.[57]

---

[56] Vgl. Statistik Austria (Hg.): Kfz-Bestand. URL:
http://www.statistik.at/web_de/statistiken/verkehr/strasse/kraftfahrzeuge_-_bestand/ [Stand: 08.02.2015]
[57] Vgl. Modelhart, Peter: Persönliches Interview, geführt von Manuel Jäger. Bischofshofen: 10.01.2015
(Transkription im Anhang)

6. Fazit

Nach einer umfangreichen Betrachtung des Themas kann man erkennen, dass das schon vor mehr als hundert Jahren aufgekommene Thema „Elektromobilität" sowohl in Form von Voll-Elektroautos als auch in Form von Brennstoffzellenfahrzeugen endlich Fahrt aufnimmt. Beide Konzepte sind heute serienreif und käuflich erwerbbar.

Nachdem beide Fahrzeugvarianten ausführlich technisch beschrieben wurden, brachte der abschließende Vergleich eine kleine Überraschung mit sich. Brennstoffzellenautos sind nach heutigem Stand der Technik in den meisten Fällen weder ökologischer noch ökonomischer als vergleichbare Benzin- oder Dieselfahrzeuge. Für die Mobilität der Zukunft könnten sie jedoch auch eine wichtige Rolle spielen, vorausgesetzt, die Technik wird günstiger und der Strom für die Wasserstoffproduktion kommt aus regenerativen Quellen, die idealerweise einen Leistungsüberschuss produzieren.

Reine Elektroautos werden sich in den nächsten fünf Jahren voraussichtlich gut verkaufen, bis sie größere Marktanteile erobern wird es wahrscheinlich trotzdem noch etwas länger dauern. In wirtschaftlichen und umwelttechnischen Überlegungen schneidet das Voll-Elektrofahrzeug durchwegs besser ab als das Brennstoffzellenfahrzeug, dafür ist das Reichweitenproblem noch nicht ganz geklärt. Die Batterieentwicklung befindet sich jedoch auf einem sehr guten Weg, die mögliche Energiedichte bis 2020 zu verdoppeln. Für beide Antriebskonzepte ist es wichtig, dass der benötigte Strom „grün" erzeugt wird, Elektroautos sind aber dank des hohen Systemwirkungsgrades bereits bei einem normalen Strommix sehr effizient.

Weitere Schritte, die den Weg zur „neuen" Mobilität ebnen könnten sind die Erhöhung von staatlichen Fördergeldern, der Ausbau eines flächendeckenden E-Tankstellennetzes und die nahtlose Einbindung in die intelligenten, regenerativen Stromnetze von morgen.

Unter dem Strich ist die alternative Mobilität zum heutigen Zeitpunkt schon sehr weit entwickelt. Mit besseren Akkus, geringeren Preisen und einer

Stromversorgung, die immer mehr auf alternative Energien setzt, werden reine Elektroautos sicher bald eine wichtige Rolle in unserer Mobilität einnehmen.

Literaturverzeichnis

Aschenbrenner, Franz; Drögsler, Oswald; Thaler, Alexander: Drehstomantriebe für Elektrokleinfahrzeuge. Endbericht. Leoben: Montanuniversität Leoben 2004

Balzer, Sebastian: In Norwegen ist für Elektroautos sogar der Strom gratis. URL: http://www.faz.net/aktuell/wirtschaft/wirtschaftspolitik/foerderung-von-elektromobilitaet-in-norwegen-ist-fuer-elektroautos-sogar-der-strom-gratis-12679293.html [Stand: 22.01.2015]

Bossel, Ulf: Wasserstoff löst keine Energieprobleme. URL: http://wwwm.htwk-leipzig.de/~m6bast/rvlwasserstoff/091104vierteRIVLBossel.pdf [Stand: 28.12.2014]

Bozem, Karlheinz u.a.: Elektromobilität: Kundensicht, Strategien, Geschäftsmodelle. Wiesbaden: Springer Vieweg 2013

Brake, Matthias: Mobilität im regenerativen Zeitalter. Hannover: Heise Verlag 2009

Der Tagesspiegel (Hg.): Kaum Effekt im Portemonnaie. URL: http://www.tagesspiegel.de/mobil/kosten-und-nutzen-von-hybridautos-kaum-effekt-im-portemonnaie/7600964.html [Stand: 19.10.2014]

Elektroautos im Praxistest bei SAP: Mehr oder weniger Gänge? URL: http://www.heise.de/autos/artikel/Elektroautos-im-Praxistest-bei-SAP-1265535.html?artikelseite=3 [Stand: 20.09.2014]

Elektromobilität.com (Hg.): Schema und Funktionsbeschreibung zum Aufbau eines reinen Elektroautos. URL: http://www.elektromobilitaet.com/wissen-elm/aufbau-elektroauto/ [Stand: 18.09.2014]

E-Mobilität-Online (Hg.): Begriffsdefinition und Batterieaufbau. URL: http://www.emobilitaetonline.de/emobilversity/die-traktionsbatterie/57-kapitel-2-begriffsdefinitionen-und-batterieaufbau [Stand: 20.09.2014]

E-Mobilität-Online (Hg.): Die Karosserie. URL:
http://www.emobilitaetonline.de/das-elektroauto/kapitel-2-die-karosserie [Stand:
21.09.2014]

FeelGreen (Hg.): Wasserstoffautos: Vor- und Nachteile. URL:
http://www.feelgreen.de/wasserstoffauto-vor-und-nachteile/id_50470122/index
[Stand: 18.10.2014]

Fuel Cells (Hg.) URL: http://www.fuelcells.org/uploads/carchart.pdf [Stand
01.09.2014]

Ganahl, Natalie: Michael Faraday. URL: http://www.bhak-
bludenz.ac.at/physik/geschichte/physiker/faraday.shtml [Stand: 29.08.2014]

Heise (Hg.): Akkus werden zehn Mal besser. URL:
http://www.heise.de/autos/artikel/Akkus-werden-zehn-Mal-besser-1371797.html
[Stand: 20.09.2014]

Heise (Hg.): Mobile Zwischenablage. URL:
http://www.heise.de/autos/artikel/Mobile-Zwischenablage-2175893.html [Stand:
23.01.2015]

Holling, Ruth: Intelligente Energie. URL: http://www.erneuerbar-
mobil.de/de/projekte/foerderung-von-vorhaben-im-bereich-der-elektromobilitaet-
ab-2012/kopplung-der-elektromobilitaet-an-erneuerbare-energien-und-deren-
netzintegration/projektflyer-netzintergration/pm-flottenstart-vw-inees.pdf [Stand:
25.01.2015]

Hyundai Österreich (Hg.): ix35 Fuel Cell. URL:
http://www.hyundai.at/Showroom/SUV/ix35-FCEV.aspx [Stand: 18.10.2014]

IPCC (Hg.): Climate Change 2013: The Physical Science Basis. Cambridge:
Cambridge University Press 2013

IT-Times (Hg.): Elektroautomobil: Begriff (amtliche Definition). URL:
http://www.it-times.de/tag/elektroauto/ [Stand: 06.09.2014]

Kern, Jürgen: Speicherung von Wasserstoff. URL: http://www.hycar.de [Stand:
26.12.2014]

Korthauer, Reiner: Handbuch Elektromobilität. Frankfurt am Main: EW Medien
und Kongresse GmbH 2011

Lenntech BV (Hg.): Eigenschaften von Wasserstoff. URL:
http://www.lenntech.de/pse/elemente/h.htm [Stand: 27.12.2014]

Leuschner, Udo: Das Elektroauto zwischen Batterie, Brennstoffzelle und
Hybrid-Antrieb. URL: http://udo-leuschner.de/energie-chronik/090905d1.htm
[Stand: 06.09.2014]

Lienkamp, Markus: Elektromobilität. Berlin: Springer Vieweg 2012

Martos, Peter: Wasserstofftankstellen für alle. URL:
http://diepresse.com/home/science/3865879/Wasserstofftankstellen-fur-alle
[Stand: 18.10.2014]

Milan, Christian: Die Nebenaggregate. URL:
http://www.emobilitaetonline.de/emobilversity/das-elektroauto/69-kapitel-6-die-
nebenaggregate [Stand: 21.09.2014]

Modelhart, Peter: Persönliches Interview, geführt von Manuel Jäger.
Bischofshofen: 10.01.2015 (Transkription im Anhang)

Naunin, Dietrich: Hybrid-, Batterie- und Brennstoffzellen-Elektrofahrzeuge.
Renningen: Expert Verlag 2004

OEAMTC (Hg.): Hyundai ix35 Fuel Cell. URL:
http://www.oeamtc.at/portal/erster-test-hyundai-ix35-fuelcell+2500+1573332
[Stand: 09.02.2015]

o.V.: Development of the gasoline car. URL: http://www.britannica.com/EBchecked/topic/44957/automobile/259061/Early-electric-automobiles#ref=ref918099 [Stand: 01.09.2014]

o.V.: Electric Vehicles History Part III. URL: http://www.electricvehiclesnews.com/History/historyearlyIII.htm [Stand: 01.09.2014]

o.V.: Lithium-Luft-Akku – Blick in die Zukunft. URL: http://www.gesundes-haus.ch/solarmobile-elektroauto/lithium-luft-akku-blick-in-die-zukunft.html [Stand: 20.09.2014]

Panzer, Heike: „Batterien" und „Akkus". Vortrag. Universität Bayreuth 2013. URL: http://daten.didaktikchemie.uni-bayreuth.de/umat/zellen_prim_sek/primsek_zelle.htm#2_Sekund%E4rzelle [Stand: 20.09.2014]

Pötschner, Friedrich u.a.: Ökobilanz alternativer Antriebe – Elektrofahrzeuge im Vergleich. Report. Wien: Umweltbundesamt 2014

Reif, Konrad: Konventioneller Antriebsstrang und Hybridantriebe. Wiesbaden: Vieweg+Teubner Verlag 2010

Rief, Norbert: Wo sind die 250.000 Elektroautos?. URL: http://diepresse.com/home/wirtschaft/energie/4634923/Wo-sind-die-250000-Elektroautos?offset=25&page=2 [Stand: 22.01.2015]

Schurnberger, Werner: Wasserspaltung mit Strom und Wärme. Themenheft. URL: http://www.fvee.de/fileadmin/publikationen/Themenhefte/th2004/th2004_03.pdf [Stand: 28.12.2014]

Statistik Austria (Hg.): Kfz-Bestand. URL: http://www.statistik.at/web_de/statistiken/verkehr/strasse/kraftfahrzeuge_-_bestand/ [Stand: 08.02.2015]

Statistik Austria (Hg.): Kfz-Statistik 2013/2014. URL:
http://www.statistik.at/web_de/statistiken/verkehr/strasse/kraftfahrzeuge_-
_neuzulassungen/ [Stand: 08.02.2015]

Swain, Michael: Fuel Leak Simulation. Studie. University of Miami 2001

Vattenfall GmbH (Hg.): Vattenfall und BMW Group starten Projekt „Second Life
Batteries". URL:
http://corporate.vattenfall.de/newsroom/pressemeldungen/pressemeldungen-
import/vattenfall-und-bmw-group-starten-projekt-second-life-batteries/ [Stand:
21.09.2014]

Volz, Günter: Elektrische Motoren in Industrie und Gewerbe: Motorenarten.
Berlin: Deutsche Energie-Agentur GmbH 2010

Waltner, Helmut: Who killed the electric car?. URL:
http://www.waltner.co.at/fahrzeuge/fahrzeuge_2.html [Stand: 05.09.2014]

Weiterbildungszentrum Brennstoffzelle Ulm e.V. (Hg.): Brennstoffzellen-
Grundlagen. Vortrag. URL: http://www.bba-bw.de/files/vortrag_bz-grundlagen-
wbzu.pdf [Stand: 27.12.2014]

Abbildungsverzeichnis

Abbildung 1 – Elektrofahrzeug „Kriéger Landaulet" um 1906
URL: https://img1.etsystatic.com/000/0/5940612/il_570xN.173321413.jpg
[Stand: 10.02.2015]

Abbildung 2 – Necar 1
URL: http://www.mercedes-seite.de/wp-content/uploads/2012/06/12C451_3.jpg
[Stand: 10.02.2015]

Abbildung 3 – Antrieb eines BMW i3
URL: http://images.derstandard.at/2013/04/26/1363847606809-bmw-i3.jpg
[Stand: 10.02.2015]

Abbildung 4 – Schematischer Aufbau einer Synchronmaschine
URL:
http://www.dena.de/fileadmin/user_upload/Publikationen/Stromnutzung/Dokum
ente/Ratgeber_Motorenarten_Industrie_und_Gewerbe.pdf [Stand: 10.02.2015]

Abbildung 5 – Energiedichte von Batterien im Vergleich
URL: https://wiki.zimt.uni-
siegen.de/fertigungsautomatisierung/images/thumb/e/e4/S797339_Abb_11.jpg/
250px-S797339_Abb_11.jpg [Stand: 10.02.2015]

Abbildung 6 – Querschnitt durch ein Brennstoffzellenfahrzeug
URL: http://www.grueneautos.com/wp-content/uploads/2010/02/mercedes-
benz-f-800-style-brennstoffzelle-schema.jpg [Stand: 10.02.2015]

Abbildung 7 – Aufbau einer Brennstoffzelle

URL:

http://upload.wikimedia.org/wikipedia/commons/a/a2/Brennstoffzelle_funktionsp
rinzip.png [Stand: 10.02.2015]

Abbildung 8 – Wasserstofftank

URL: http://auto.pege.org/2004-opel-zafira/wasserstoff-drucktank_print.jpg
[Stand: 10.02.2015]

Abbildung 9 – Ökobilanz Pkw

Pötschner, Friedrich u.a.: Ökobilanz alternativer Antriebe – Elektrofahrzeuge im
Vergleich. Report. Wien: Umweltbundesamt 2014, S. 13

Abbildung 10 – Staatliche Förderungen von Elektroautos

URL: http://www.zeit.de/mobilitaet/2013-10/elektroauto-subventionen-vergleich
[Stand: 10.02.2015]

Abbildung 11 – Zulassungsstatistik: eigene Tabelle.

Basis: URL:

http://www.statistik.at/web_de/statistiken/verkehr/strasse/kraftfahrzeuge_-
_neuzulassungen/ [Stand: 10.02.2015]

Abbildung 12 – kumulierte Neuzulassungen: eigenes Diagramm.

Basis: URL:

http://www.statistik.at/web_de/statistiken/verkehr/strasse/kraftfahrzeuge_-
_neuzulassungen/ [Stand: 08.02.2015]

BEI GRIN MACHT SICH IHR WISSEN BEZAHLT

- Wir veröffentlichen Ihre Hausarbeit,
  Bachelor- und Masterarbeit

- Ihr eigenes eBook und Buch -
  weltweit in allen wichtigen Shops

- Verdienen Sie an jedem Verkauf

Jetzt bei www.GRIN.com hochladen und kostenlos publizieren